아름다운 배웅

아름다운 배웅

초판 1쇄 인쇄일_ 2025년 6월 30일
초판 1쇄 발행일_ 2025년 7월 5일

지은이_ 임승훈
펴낸이_ 나호열
펴낸곳_ 도서출판 무이재
표지디자인_ 디자인존
편 집_ 단청 맹경화

출판등록_ 2017년 3월 20일 제2017-9호
01416 서울시 도봉구 노해로 70길12
E-mail_ zonechingu@hanmail.net

제작보급|도서출판 무이재
값 12,000원

이 책자는 저작권법에 의해 보호를 받는 저작물로
저자와 출판사의 허락 없이 내용의 일부를 인용하거나
발췌하는 것을 금합니다.

♣책 가격은 뒤 표지에 표시되어 있습니다.
♣지은이와 협의에 의해 인지는 생략합니다.
♣잘못된 책은 교환해 드립니다.

임승훈 시집

아름다운 배웅

무이재

시인의 말

쏟아지는 시 속에
세상은 온통 영롱한 아침 이슬처럼
연잎에 앉아 웃고 있는 맑은 시의 세상입니다
티 없이 맑은 마음으로 그림자 먹는 지렁이가
되어 보았습니다
시의 세상과 현실의 세상 속에서 짧은 붓을 들고
깨끗한 눈으로 다가가 보았습니다

2025년 초여름
임승훈

차 례

시인의 말 • 5
跋文(김남권) • 134

제1부
자연은 바람의 디딤돌
―

그림자 넷 • 12
매화의 사연 • 14
담쟁이덩굴 • 15
산사의 아침 • 16
버들가지에 실려 • 17
밀알이 되어 • 18
해빙의 물결 • 19
소나기 지나간 뒤 • 20
바람에 취하다 • 21
댓잎의 속삭임 • 22
인연의 꽃 • 23
오름과 내림길에서 • 24
바람종 소리 • 25
살아 있는 탑 • 26
바람 먹는 새 • 28
이슬의 미소 • 29
잊어버린 세월 • 30
마지막 가을날 • 31
삼부연 폭포 • 32
숨 쉬는 성류굴 • 33

제2부
달팽이가 지나간 자리에 남아있는 글
―
물멍에 빠진 자화상 • 36
기억 없는 얼굴 • 38
세상의 눈물 • 39
남몰래 새긴 이니셜 • 40
까만 거울 • 42
손돌목 전설 • 43
달팽이 시인 • 44
초안산에서 • 45
석림사 계곡 • 46
성황당 추억 • 48
바다의 곡비소리 • 50
텃새의 고향 • 52
양양 가는 길 • 54
울보 마이크 • 55
천축사 인어와 스님 • 56
내 고향 후포리 • 57
잠들어 있는 표지석 • 58
세월의 덫 • 59
빈 유모차 • 60

제3부
세월의 징검다리 건너

—

이어도 사나 노래 • 62

샛별의 눈 • 64

25시 사람들 • 65

이천 년을 걸어서 • 66

발의 미학 1 • 67

발의 미학 2 • 68

충전되지 않는 건전지 • 69

생과 사의 굴레 • 70

마음 • 72

환승역에서 • 73

마지막 호소 • 74

이웃집 엿보기 • 76

십 개월의 웰빙 • 77

동강의 눈물 • 78

내 몸 안에는 • 80

야망의 늪 • 81

서울 속의 옛길 • 82

사랑의 씨앗 • 83

씨앗 • 84

천칭저울 • 85

버거킹 앞에서 • 86

제4부
언덕 위에 흩날리는 깃발
—

아픈 겨울 • 88
선의 미학 • 89
빈 의자 • 90
가을 콘서트 • 91
홍시 1 • 92
홍시 2 • 93
홍시 3 • 94
아름다운 소멸 • 95
바다의 꽃 • 96
너의 비밀은 • 97
외딴 집 • 98
고향을 잃어 가는 아이들 • 99
바람에 묻다 • 100
엉뚱한 곤충 • 101
차창 너머 • 102
소소한 인연 1 • 104
소소한 인연 2 • 105
물속의 그림자 • 106
자연의 지우개 • 107

제5부
당신의 이름은 하늘 꽃

아름다운 배웅 • 110
천 년 나무에 살어리랏다 • 112
하늘 꽃 • 113
첫 기일 날 • 114
다시 피지 않는 꽃 • 116
구멍난 가슴 • 117
비 오는 날 • 118
그날의 당단풍 • 119
사라진 사람 • 120
기다림의 꽃 • 121
사랑의 저울 • 122
당신은 찔레꽃 • 123
눈 꽃송이 • 124
섬 집 엄마 • 126
거울 속의 여심 • 127
밀물 썰물 • 128
맷돌 자루 • 129
별밤 • 130
신호등 앞에서 • 131
하얀 꿈 • 132
마지막 미완성 무대 • 133

제1부

자연은 바람의 비딤돌

그림자 넷

어둠 속의 오솔길 가로등이 그림자를 부른다
불빛 밟고 나타나는 새로운 나
다른 나의 그림자 넷
네 그림자가 사이좋게 번갈아가며
가는 길을 에워싼다

앞 뒤 좌 우 나타나는 그림자 넷
손주가 춤을 추며 앞장서서 가고
깔깔깔 거리며 뒤편에서 따라오는 아내
좌측에 무뚝뚝한 아들 우측에 애교쟁이 딸
서로서로 사랑을 밟으며 오가는 나만의 길이다

그림자는 홀로 가는 길에 나타나는 동반자
가로등 따라 나와 지난날의 생각을 더듬으며
추억을 밟으며 동행한다

홀로 가는 길에 나타나
자신을 밟고 가다 자신을 지우고 간다
기약 없는 세월 가로등 따라가는 그림자 넷

나 자신을 호위하며 불빛 속을 간다
서로 다투지 않고 가는 네 그림자
속임수 없는 진실한 친구 다섯 명이 가고 있다

매화의 사연

이제 더 이상 예뻐지지 않아
먼저 떠나렵니다

가슴이 더 커지지 않아 치아가 빠진 모습
주름진 모습 보이기 싫어
먼저 떠나렵니다

고운 모습 그윽한 향이
남아 있을 때 가렵니다

너무 예뻐 단명하는 나
한복 속에 수놓아 남기고 가렵니다

한복 속에 숨어 있는
도도하고 우아한 매화꽃 일동

담쟁이덩굴

불멸의 깃발을 흔들며
남들이 오지 못하는 험지에서
조상을 따라 험난한 벽을 향해
죽기 살기로 따라오르는 덩굴들

오르면 오를수록 욕심나는 도전자의 맛
내려다보는 정복자의 맛에
희열감을 느낀다

담쟁이는 아침이슬을 먹고 종일 버티는 걸까
순한 양처럼 보여도 줄기마다
흡착의 가시발톱을 갈고 있다

약해 보여도 강한 범생이 덩굴
눈물이 메말라 있는 담쟁이 꽃에서
어머니의 기도 소리 들려온다

가지가 가늘고 길어 힘이 없어 보여도
몸부림치는 모습은
너의 아버지 모습이란다

산사의 아침

잠이 덜 깬 산 할아버지를 깨우는
사찰의 종소리
참세상을 열며 걸어 나온다

여명을 따라 나온 새들이
풀잎에 앉아 새벽이슬을 먹고
은구슬 노래를 부른다

마음을 비우는 풍경소리
법당의 빗살문을 두드리고
불당을 돌아 나오는 스님의 염불소리
목탁 속으로 빨려 들어간다

바람도 지나가다 예불하고 가는 아침

스님의 잔잔한 목소리
안개 속에서 탑돌이를 하고 있고
소슬바람이 풍경 속에서 손을 흔들며
맑은 세상을 부른다

버들가지에 실려

출렁이는 거울 속으로
길게 늘어진 버들가지 머리를 풀어내리고
이리 흔들 저리 흔들
춤추는 물그림자를 잡고 늘어진다

출렁이는 물결에 올라탄 버들잎을
구경 나온 물고기
늘어진 버들가지 위에 올라앉아
옛 시인의 노래를 부른다

햇살에 물장구치다 지친 물고기들이
버들가지 위에서 졸고 있는 오후

잔물결 타고 떠도는 버들가지
물그네 위에 봄을 태우고
봄나들이 간다

밀알이 되어

시름시름 빛을 잃어 가는 나무
나이테마저 힘을 잃어 간다

봄날 바지런하게 엽록소를 퍼나르고
여름날 자손에 힘을 북돋아 주고
가을에 손발을 잘라내는 슬기로운 나무
겨울에 동안거 들어가는 보살나무

고사목이 되어 모두 다 남겨두고
한 점 부끄럼 없이 떠나는 삶이
나무의 사랑법이라 하고 떠난다

당신은 자연의 밀알
지구를 지켜준 대부
자연으로 돌아가는 대모입니다

해빙의 물결

언 땅속에서 기지개 켜는 소리에
잠자던 뿌리들이 눈 비비며 하품을 한다
나무 밑에서 들려오는 해빙 소식에
애벌레들이 춤을 춘다

겹눈을 비틀어 눈을 터는 봄 순이
머리를 내밀고 두 손가락을 살그머니 내밀어 본다

겹겹이 엉켜 있던 매듭을 풀고 나오는 새순이
햇살의 웃음에 기댄 채
새 세상을 부른다
봄비를 부른다

새싹과 새순은 자유의 상징
새로운 세상을 만드는 희망의 불빛
북녘땅에는 언제쯤 남쪽 꽃이 활짝 필까

언 땅속에서는 살아 있는 게 아니고
숨을 쉬지 않고 있습니다

소나기 지나간 뒤

한차례 화풀이하듯 쏟아지다 멈춘 소나기
잣나무에 크리스마스트리가 반짝이고
햇빛을 먹고 솔잎에 앉아 있던 은방울이
머리 위에 떨어지며 해맑은 인사를 한다

붉게 물든 백일홍 머리를 치켜세우고
물먹은 입을 다물지 못한다
풀숲 사이로 숨어든 버들강아지
꼬리 치며 실바람에 달려든다

메말라 있다 불어난 냇물에
햇살 따라 나온 물고기들
아이들 놀이에 빠져 정신이 없다

꽃 무지개 하늘에 걸려 있고
소나기 노래 부르다 멈춘 꽃잎들에게
벌 나비들이 다가가 은밀한 귓속말을 하고 간다

벌 나비가 지나간 후
눈이 커지는 꽃송이 가슴이 커지는 씨방

바람에 취하다

나뭇가지의 단풍잎을 흔드는 바람
바람의 거친 숨소리에 고왔던 단풍잎이
울먹이며 떨어진다
고왔던 단풍이 미운 낙엽이 되었다

햇살 먹은 단풍에서 주제를
진갈색 낙엽에서 소재를 찾고 있는 바람의 시인
세차게 부는 바람에 취해 있다

헤어지기 싫어하는
단풍잎의 기도소리 들려온다
심장이 마르고 눈이 쑥 들어간 단풍잎
깊어가는 가을에 힘을 잃어 간다

가을은 낙엽의 잔칫날
가을을 벗기고 달아나는 바람 앞에서
수어로 시 낭송을 듣고 있던 청각 장애인에게
가을이 다가가 바람의 소리를
피부에 전해주고 간다

댓잎의 속삭임

잔잔하던 대나무 숲
바람이 푸른 잎새를 흔들어대자
초록 물결이 우수수 떨어진다

풍금 소리 들려오는 대나무 밭
눈 감고 귀 열면 하늘의 자장가 소리
엄마의 숨소리 들려온다

서걱서걱 소리를 꺾어
사각사각 치대다가 휘몰아치는
휘모리장단 소리는 바람의 고향 소리
천국의 계단 오르는 소리

부러지지 않는
지조와 절개를 흔들다 지쳐
달아나는 푸른 바람 소리
가냘픈 소녀의 목소리

댓잎의 속삭임 소리
천국을 향해 날아가는 음악 소리

인연의 꽃

녹색 우산 잎 사이에서
얼굴을 내미는 백련 등 홍련 등
가까이 다가갈수록 속내를 감추는 비구니 꽃

진흙 속에서 생의 찬미를 외치고 나와
어둠 속을 맴돌다
무심으로 돌아가는 자비의 꽃

꽃봉오리 속에서
꽃눈을 비비고 나오는 여린 미소
세상에서 가장 밝은 아이 모습을 하고
햇살을 받으며 하얀 웃음을 서서히 열고 있다

어른이 되면 분홍빛 하얀빛 속살을
한 겹 두 겹 다 벗고 나와
연자방에 인연의 씨앗을 촘촘히 새긴다

아침 이슬 먹고 합장하고 나와 옷을 벗는 연화
불상의 미간에 앉아 웃고 있는
부처의 품안에 잠들어 있는 듯
부처의 환한 얼굴을 하고 있는 꽃, 인연의 꽃

오름과 내림길에서

어둠을 뚫고 나오는 새 아침의 새 눈동자
감춰진 천사의 얼굴빛
우아한 모습으로 세상 속을 걸어 나온다

불가사의의 장막을 걷어차고 나온 여명
난산 끝에 이제 막 출산을 끝낸
산모의 얼굴빛

저녁 무렵
금빛 물감 사방에 뿌려 놓은 듯
요란스럽게 발버둥치다 사라지는 석양
아기를 끌어안고 사라지는 성모 마리아 상

석양은 이제 막 세상을 하직한 이의
눈꺼풀을 쓸어내려주는 마지막 모습

오름과 내림길
여명의 성은 수줍은 자성
석양의 성은 흥분한 웅성
어둠이 내리면 잠자리에서 만나는 걸까

바람종 소리

사찰의 추녀 아래
바람과 속삭이다 잠 못 이루는 방울물고기
밤새 잠 못 이루며 세상 걱정을 한다

눈 감고 들으면
티끌 묻어 있던 양심이
돈때 묻어 있던 흑심이
하나 둘 벗겨져 나간다

그대는 자연에 숨겨진 천상의 부름 소리
옹알이하는 아기가 엄마 부르는 소리

그대의 딸랑이 소리
자신을 깨우는 소리
달팽이관을 돌아 삼라만상 길에 오른다

살아 있는 탑

세상의 온갖 시름 잡음 다 주워 모아
차곡차곡 쌓아 올린 마음의 등대
옹기종기 사이사이에 끼어 새 세상을 만든다

돌과 돌 속에 살아 있는 얼이 들어 있어
태풍 비바람 눈보라에도
끄떡없는 돌탑

엄마 돌 아빠 돌 사이에
예쁜 딸이 끼어 살고
잘 생긴 장남 못난이 둘째 삐뚤어진 셋째
손녀 손자 사돈에 팔촌
모두 똘똘 뭉쳐 한 가족이 된다

버림받은 돌 천덕꾸러기 돌을 주워 모아 쌓은
탑 주인의 측은지심 어디에 가서 찾을까

돌탑의 모양 사람의 마음도 다 제각각
모두 한마음 속에 살고 있는 사랑 탑
탑 속에 동심의 세상

사후의 세상이 같이 살고 있다

해와 달, 바람과 구름이 지나가다
돌탑 앞에 서서 묵상하고 간다

바람 먹는 새

바다에 사는 허수아비 새
온종일 밤 낮 없이 날개를 흔들어대고 있다

먹어도 먹어도 배고파
손을 흔들어대는 바다새
커다란 날개로 바람을 잡아
바람을 먹고 있다

세상의 등불이 되어
소리 없이 손짓만 한다
홀로 얼마나 지치고 힘들까

날개가 무거워 날지 못하는 불새
태풍 눈보라에도 쉼 없이
손을 흔들고 있는 바다의 돈키호테

자연의 지킴이, 인류의 지킴이
불의 화신이 되어 돌고 돈다

이슬의 미소

하늘의 눈물 타고 내려와
풀잎에 앉아 기도하는 이슬 낭자
꽃잎에 앉아 웃고 있는 은구슬 낭자

햇살에 반짝이는 낭자의 눈물
영롱하고 따뜻한 눈물방울

성세수 같은 은빛 방울
불면 날아가는 사랑의 수정체

이슬은 보조개 속에 숨어 있는 낭자
아기의 눈방울처럼 초롱초롱하다

잊어버린 세월

물결 따라 흘러가는 세월의 그림자
아무도 모르게 소리 없이 떠내려간다

물속에서 발장구치던 물고기
물그림자 속에 숨어
빙글빙글 엘피판을 돌리고 있다

물파장에 올라 탄 굴렁쇠
둥글둥글 굴리며 따라가다
지나가던 동심을 깨워 끌고 간다

눈 감으면 졸졸졸 들려오는 실물결
조잘조잘 살아온 이야기 소리 끌고
꼬불꼬불한 삶의 굴곡 끌고
아픈 상처 끌며 간다

노을 속에 쏟아지는 은물결
금물결 따라 나와 춤추는 달그림자
잊어버린 세월을 향해
손을 흔들며 떠나간다

마지막 가을날

봄날의 연초록 새순이 여름에
고운 단풍으로 물들었다
지나고 나면
눈물겹던 한순간들이 추억이 되고
고운 정이 미운 정으로 변하듯
단풍은 갈색 되어 떨어진다

구구단을 계속 반복하듯 줄줄이
단풍을 떨구는 바람
계속 이어지는 스님의 염불소리처럼
줄지어 떨어지는 가을의 몬스터

계절마다 옷을 입고 벗고 단장하고
가뭄 태풍 준비하고
월동 준비하는 나무

겨울 준비에 자식의 손을 다 자르다 말고
울고 있는 나무 어머니
나의 어머니처럼 살아가는 나무
나무도 사계절 사람처럼 살아가고 있다

삼부연 폭포

산하를 지나 산을 돌고 돌아 나와 떨어지는
거대한 자연의 울부짖음
폭포수에 실려 온갖 분노 울분을 토해낸다

폭포수를 불러오는 물 찬 제비
선녀의 옷 날개를 감추자
소리꾼의 우렁찬 목소리 하늘을 날아오른다

산허리를 잡고 구르고 구르다 마지막
알몸으로 몸을 던지는 신비로운 그녀의 몸매
보일 듯 말 듯 감추며 떨어진다

희미한 물기둥 사이로
아기를 품고 떨어지는 엄마의 모습이 보인다
용소 안에 숨어 있는
엄마와 아기의 웃음소리 물기둥을 뒤흔든다

겸제 선생의 산수화 그림 속에
삼부연 폭포가 소리치다 울부짖으며
정선을 부르고 있다

숨 쉬는 성류굴

기나긴 세월 속에서 어둠을 먹고 자란 종유석
보이지 않는 눈물을 먹고 자란 석순
수만 년을 서로 마주보다 정이 들었을까
연인스럽다 부러움스럽다
어디선가 청아하게 떨어지는 물방울 소리
기쁨에 흘리는 눈물 소리보다 더 아름다운 소리
환웅이 웅녀를 부르는 메아리일까
세상에서 가장 아름답고 맑은 소리
하늘에서 하느님이 날 부르는 소리일까
작은 못 안에 눈 없는 물고기가 살고
거꾸로 매달려 빌고 있는 박쥐
바닥에 살아 꿈틀거리는 작은 미생물 앞에
작아지는 우리네 인생사
자연이 만든 어둠의 성지
살아있는 지하의 성
발밑으로 흐르는 물은 성류굴에서 떨어진
웅녀의 눈물일까
그 눈물은 어디로 흘러가는 걸까

제2부

달팽이가 지나간 자리에
남아있는 글

물멍에 빠진 자화상

물멍의 나래에 빠져
물속에 던져 놓은 찌의 흔들림도 잊은 채
출렁이는 그림자에 빠져 있는 자화상

양상군자의 유혹에 걸려든 물고기 울며불며
두 눈을 끔뻑이며 꼬리를 흔드는 어생의 목소리
살려주세요
필연일까 악연일까

풀어 주자마자
자화상에 생채기를 내고 줄행랑이다
인사도 없이 사라졌다
물그림자 속에 다시 빠지는 자화상 보살

의미 너머를 상상하는 연금술사
낚싯대로 물고기가 흘리고 간 시어를
물안개 속에 어깃어깃 떠도는 문자를 건지고 있다

물고기를 살려주고 건져낸 시 한 수에

출렁이며 춤을 추는 그림자 보살
물 멍 속에 빠진 자화상에 시 꽃이 피었다
슬기롭게 피었다

기억 없는 얼굴

한 번도 불러 보지 못한 단어
마음 한구석에 갇혀 있는 어색한 명사
머릿속을 떠도는 투명한 글자

생각도 기억도 없는 이
추억이 없는 이
사춘기 때 불만만 키워준 이
힘들고 외로울 때 보름달 속에 숨어 있던 이

포말 속에 사라져 버려도
파도 속에 다시 나타나는 단어 어매
평생 머릿속에서 정리가 안 되는 두 글자
멍에 속 어매

베이비 박스에 담겨진 아이
어매 얼굴을 알 수 없는 아이
백 살 먹어도 그려지지 않는 얼굴

마음속에 숨어있는 차가운 단어입니다

세상의 눈물

엄마의 눈물은 금방울

아가의 눈물은 은방울

사랑의 눈물은 이슬방울

이별의 눈물은 닭똥 같은 물방울

남몰래 새긴 이니셜

소나기 한차례 지나가자
젖은 물 털고 나오는 햇빛
해맑은 손으로 하늘을 향해
손을 흔드는 키다리 나무
나무 아래 두 아이가 손을 잡고 들떠있다

이성의 설렘이 뭔지도 모르던 시절
새김칼로 나무를 후벼 판 하트 자국
이니셜 자국
아직도 주홍글씨로 남아 있다

이제는 사라져 가는 가로수
추억도 세월도 사라져 간다
미루나무에게 넛썩세 물어 본다
그 아이 혹시 찾아 왔었는지

첫사랑을 간직해주고 있는 나무
젊음의 그날을 지우지 않고 있는 나무
바람이 넌지시 추억을 한 잎 두 잎 던져주고 간다

나무야 미안했다
그때는 너무 철이 없었단다

까만 거울

고택의 고풍이 살아 숨 쉬는 장독
대물림으로 이어온 항아리 사이로 움직이는
두툼한 종부의 손이 보인다

항아리 속에서 묵은 소리가 들려온다
뚜껑을 열면 까만 거울 사이로
까만 사람이 숨어 자신을 바라본다
나와 똑같이 닮은 사람이

오랜 세월 속에 살아남은 씨 간장의 비밀
묵을수록 깊어지는 맛
시조 할머니가 숨어 지켜주는 손 맛

퍼내고 퍼내도 이어기는 시랑
뿌리 깊은 정성이 씨 간장을 지킨다
종부의 손은 황금 두꺼비 손
시조 할머니의 손은 황금 맛 손

손돌목 전설

굽이치는 물결 타고 들려오는 바다의 곡비소리
광성보 앞 바다 여울목에서 지난날의 아픔이
오늘따라 더 크게 울부짖는다

하얀 광목 옷 입고 총 앞에서 칼 들고 싸우는 병사
이젠 전설이 되어버린 안내문이
지난날을 말해준다

오래전 미합중국에 강탈당했던 수자기
일세기 지나 돌아온 치욕의 깃발
혈흔 자국 묻은 깃발에서
신미양요의 포성이 들려온다

매서운 바닷바람 타고 들려오는
창과 방패의 싸움 다윗과 골리앗의 싸움
5 진 7 보 53 돈대의 흔적만이
총성으로 휘몰아치던 그날을 기억한다

광성보 앞 바다에 출렁이는 손돌목의 거친 물소리
그날의 흐느낌 소리를 대신한다

달팽이 시인

나선형 집을 등에 메고
긴 목을 쭉 내밀고 가다 장애물을 만나면
목을 움츠리고 멈춰서는 귀여운 자웅동체 인형
머리에 망원경 달고 주위를 살핀다

뜨거운 낮 더운 날엔 집 속에서
잠에 빠지는 느림보
밤엔 풀잎 찾아 소리 없이
먹이 사냥 나가는 선비

가다 쉬다 졸리면 자고
자고 일어난 자리는 깔끔하게 지우고 떠나는 달팽이
나선형 집 위 칸에 글을 저장하고
바닥에 퇴고한 글을 지우고 가는 깔끔한 샌님

이슬 먹는 시
그림자 먹는 시를 끌고 다니는 늘보 거사
외로움을 지우고 다니는 삿갓 시인
바쁠 게 없는 자연의 시인

초안산에서

비바람 속에 날 궂은 소리 들려온다
스산한 바람소리에 빨라지는 종종걸음

봉분 한가운데 우뚝 서 있는 푸른 소나무
뼈마디를 휘감고 있을 나무뿌리들
뼛속에서 신음소리 들려 나오는 듯
바라보고만 있어도 그냥 아프다

볼썽사납게 목이 잘려 나간 석인상
거꾸로 누운 비석 혼유석 뒤집어져 있는 상석
고사목에 가시덩굴에 뒤엉킨 망주석
궂은날에는 소리 없이 울고 있다

얼룩진 비석의 흔적에
어렴풋이 남아있는 내시 관직
후손 없는 영혼들의 아우성 소리
환청으로 들려오는 걸까
알 수 없는 소리 귓속을 떠나지 않는다

석림사 계곡

저녁놀 따라 들려오는 석림사 종소리
무심으로 왔다 유심으로 돌아가는 소리
우리는 어디서 왔다 어디로 가는 걸까

어둠 속에서 계곡을 따라 내려오는 물소리
온 세상을 잠재우는 소리
사찰의 처마 밑에서 들려오는 밤 풍경소리
아기들의 자장가 소리

내 안에 있는 나는 누구일까 알고 싶어
어둠 속에서 스님의 선문집을 열어 보았다
어두워 아무것도 찾아내지 못했다
계곡의 울음소리만 밤새 요란하다

어둠이 걷히는 계곡
밤새 산 정수리를 밟고 걸어 내려온 새벽의 눈
어둠이 산속에서 밤새 걸어 내려왔다
하얀 연기가 사찰의 굴뚝에서 모락모락 솟아오른다

귓속을 스쳐 지나가는 새벽 풍경소리
새 아침의 웃음소리 풍경도 빙그레 웃고 있다
새벽 종소리 계곡을 걸어 내려온 새벽 눈을 부른다
온 세상의 아픔을 부른다
마음의 눈을 부른다

성황당 추억

돌무더기 쌓아 놓고 나무에 새끼줄 쳐놓고
마을을 지키는 수호신 나무
걱정과 근심이 오색 댕기 천에 감겨 휘날린다

마을로 들어가는 길
신앙 나무 아래에 돌 하나 적선하고
두 손 모아 머리 조아리고
침 3 번 뱉고 주문을 건다

지나는 순간 뻣뻣해지는 뒷목 빨라지는 걸음걸이

깜깜한 밤 서낭 길 따라 이어진 논길 밭길
도깨비 소리 닮은 두꺼비 맹꽁이 울음소리 요란하다
반딧불 따라오는 도깨비불에 조마조마했던 심징소리
칼 가는 바람 소리에 줄행랑쳤던 길
저 멀리 하얀 옷 입고 걸어오다 만난 사람에게
귀신아 날 살려라 혼비백산 도망쳤던 길

등잔불이 친근한 시절

피해 갈 수 없었던 상엿집 지나쳐야 했던 성황당 터
수리 조합 논두렁에서 삐거덕 거리던 물레방아
반세기 만에 타임머신 속에 숨었다

추억의 길 이야기 들려주던
할배의 하얀 눈썹이 무서운 서낭신을 닮았다

바다의 곡비소리

출렁이는 바다
풍요로운 바다에 황색불이 켜졌다
주인 잃어가는 바다
모자반 불가사리 해파리 열대어들이 무리지어
해안으로 몰려오고 죽어간다

환경에 대한 저항일까
인류에 대한 시위일까

울부짖는 파도에 쌓여만 가는 오염 수치
바다가 죽어가고 있다

물고기 내장에서 나오는
플라스틱 비닐 스티로폼 소각
소리 없는 바다의 곡비소리 들려온다

점점 더 뜨거워지고 시들어 가는 바다
병들어가는 해조류 연체동물
죽어가는 산호초 물고기들의 절규소리

이제 순번제 휴식기가 필요한 바다
휴가가 필요한 바다
바다가 살아야 육지가 산다
육지가 살아야 후손이 산다

텃새의 고향

중랑천이 고향이 된 철새
물속에서 함박눈 맞으며 외다리 하나로
몇 시간째 움직임 없이 서 있는 백로

졸고 있는 걸까
입맛을 잃은 걸까
죽은 듯이 서 있다

어둠이 밀려오면 나무에 올라 수다 떨다
오가는 차량들을 헤아리다 별을 헤아리다
나뭇가지 사이에서 잠드는 새들
새 고향의 향수에 빠져있다

번화의 물소리 따라
자신의 고향도 잊고 경계심도 잊고
사람들이 가까이 가도 바라만 볼 뿐
달아나지 않는다

천적 없이 먹이 걱정 없이 지내는 백로

중랑천을 지키는 텃새가 되었다
맑은 물소리 철새를 부른다
새들과 사람이 같이 공존하는 물소리 시원하게 흘러간다

양양 가는 길

매일매일 쉬지 않고 산허리를 돌아 나오는 차량들
매연이 매연의 꼬리를 물고 수없이
터널을 빠져나오는 개미군단들
터널을 지날 때마다 들려오는 나팔 소리 호루라기 소리
구급차 사이렌 방귀 울음소리 삐약이 소리까지
쉼 없이 울어 댄다
서울 떠나 인제 양양 가는 도로에 가득 깔린
삶의 즐거움이 산허리를 잘라낸다
문명의 이기에 잘려나간 허리에 60 개 넘는 터널
몇십 년 쉬는 날 없이 산 할아버지만 부르고 있다
허기진 산 할아버지의 허리를 밟고 내려오는 산마루
지쳐 오르는 고달픈 산비탈 모두 힘들어 울고 있다
파헤친 도로와 터널의 신음소리에 병들어가는 자연환경
문명의 도약은 자연 파괴
여기저기서 병들어가는 산의 앓는 소리 들려온다
우리는 편하고 불편해하는 자연 앞에 떳떳할까
편하고 빠른 게 삶의 전부일까
파헤친 자연 누구에게 하소연하지?

울보 마이크

눈물 젖은 오선지를 오르내리는 목소리
아리고 저린 호소력에
보랏빛 가슴을 찢고 나와
마음을 흔드는 감정의 소리

작은 소리주머니 안에서
추억이 걸어 나오고 고향의 향수가 살아 나오고
사랑과 이별이 묻어 나온다

잘 다듬어진 콩나물 머리 따라 오르락내리락
머릿속 뱃속을 돌아 나와 마음을 울리는 소리
눈물샘을 자극한다

이별과 사랑 삶과 죽음의
콩나물 가락 애절한 가사에
눈물이 만들어진다

소리주머니 속에서 울고 나오는 소리
심장에서 우러나오는 울분에 소리가 섞여
아픔의 노래가 살아나와 운다

천축사 인어와 스님

계곡을 따라 오르는 선인봉 길
바람소리 물소리 새소리 까마귀소리 다 나와 반긴다
물 흐르는 계곡을 지나 통일 신라 고려를 지나오면
천축을 건너온 붓다의 등대가 있다
천축사 대웅전 기와 아래
바람과 함께 사는 물고기 인어가
땡그랑땡그랑 땡강 소리치자
주지 스님이 법음으로 화답한다
애절한 파장을 그리는 풍경소리
세상 고통을 대신하는 소리
작은 소리로 넓은 세상을 부른다
물질로 자신을 얽매지 말라는 인오 스님의 설법
욕심 안에 또 다른 욕심을 지우라는 걸까
살아 숨 쉬는 풍경소리 자신을 비우라는 소리
풍경 속의 물고기 인어와 법당의 목탁소리
천축사 불탑을 돌아 하늘을 오른다

내 고향 후포리

등기산 자락 유적 전시관
살아 나온 신석기 무덤 속의 주인들이
지나가는 이의 발걸음을 붙잡는다
사십여 구의 세골더미 위에
날 선 돌칼 돌도끼 돌 무기에 쌓여 있는 원시 무덤
샤먼이 부르는 주술에 누워 있던 영혼들이 일어나
지난 세월 속으로 들어간다
부족이 모여 간 돌 무기 만들던 곳
아낙들의 불씨 지키던 장소에도
부족 회의장에도 자신의 모습은 보이지 않았다
정글 숲을 돌아 나온 바닷가
홀로 서 있는 망부석을 수만 년을 지키고 있는 여인
울진 바닷가를 떠나지 못 하고 있다
선사시대의 뼈아픈 사랑 이야기 파도에 출렁 인다
유골의 DNA 분석 결과 수만 년 전
스무 살 또래 아이들이 대부분 이란다
자신의 조상일까 사랑녀의 조상일까
주술사 샤먼을 불러 물어보고 있는 무덤 속의 주인

잠들어 있는 표지석

도봉역 길 건너 도로 위에 세워져 있는
작은 표지판에 꽃다발이 놓여 있다
바람만이 꽃다발에 다가가 인사하고 간다
타국의 전투에서 낙동강만은 사수해라
낙동강을 지키지 못 하면 여기서 죽으라는 용병술의
주인공이 잠든 장소 텍사스의 별 네 개가 떨어진 곳
좁은 땅 한국전쟁에 사 백만 명 이상 잃은 민족의 혼이
표지석 앞에서 바람 따라 세차게 울고 간다
회오리바람이 공산당 만행을 상기시켜주는 듯
거칠게 꽃다발을 날려버린다
웰턴 워커장군의 목소리 바람 타고 와 전해 주는 듯
전쟁 통에 떨어진 무궁화 꽃이 커다란 꽃나무로
잘 자라 줘서 고맙다는 소리로 들려온다
목숨을 마친 수많은 이들이 지금의 위정자들을 향해
눈을 부라리며 제발 막말 하지 않는 정치인
싸움질하지 않는 국민이 되어 달란다
하늘의 별 네 개에게 거수경례를 하자 바람이
표지석을 흔들다가 하늘을 날아 오른다

세월의 덫

사람들의 왕래가 많은 곳마다
세상을 연결해주는 봉수대가 놓여 있다
그 앞에서 난감해 하는 어른 아이

남의 동작을 유심히 바라보는 눈동자
더듬거리는 손가락으로 따라 해본다
봉수대에 신호를 보낸다

보내도 가지 않는 신호 다시 보낸다
자존심에 마음이 상해 다시 도전한다
젊을 때는 내가 못한 게 없는데
자존심을 또 건드린다

시대의 변화에 쓴웃음 짓는 어른 아이
예전의 빨리빨리 모습은 어디 갔는지
일그러진 얼굴에 서글픔만 서려 있는 세월의 그림자

빈 유모차

아침을 깨우는 알람 소리에 눈을 뜨고
천장의 벽지를 바라보며 멍을 그린다
일어나자마자 아픈 무릎에 파스를 붙이고 있다

눈 뜨자마자 말을 건네는 바보상자가
유일한 소리의 친구이자 눈과 귀의 정보원
혼커피 준비하러 나온 주방
깜빡이는 형광등이 주인을 부른다

오랫동안 같이 했던 그와의 지난날이
홀로 하는 밥상에 반찬으로 올라 있다

손주 태우고 다니던 빈 유모차에
이젠 빈 박스를 가득 싣고 절룩기리며 간다
차가운 웃음소리 끌며 간다

긴 한숨 내쉬며
이정표 없는 하늘 길이 어디인지 몰라
석양을 물끄러미 바라보다 일어나
잘록거리는 유모차를 밀며 간다

제3부

세월의 징검다리 건너

이어도 사나 노래

눈 내리는 바다에서 들려오는 시름의 소리
물질하는 돌고래 어미의 숨비소리
파도 소리에 실려 바다 위를 떠돈다

손에 든 갈고리 하나는 자식
빗창은 남편
자식과 남편의 힘으로
망사리 안에 사랑을 가득 담는다

물질을 뒤로 하고 걸어 나오는
바다 엄마의 머릿속에 들려오는
섬 집 아기의 노랫소리

뒷징리를, 길음을 빠르게 재촉힌디
통통 부풀어 오른 젖가슴 속에서
아가의 울음소리 들려온다
아기의 젖 먹는 소리 들려온다

엄마의 바다에서 들려오는

이어도 사나 노랫소리에 아기는 잠든다
엄마는 오늘도 파도 타고 아기 젖 따러 나간다
이어도 사나 이어도 사나 노래하며

샛별의 눈

숨겨진 비밀 통로로 들어와
모습을 감추고 있는 점 하나
배아를 준비하는 비밀스러운 샛별

비밀의 궁전 속에서 들려오는 소리
쉿 소리 물소리 말발굽 소리 북소리 기차 소리
신기루 소리에 빠져 든다

좁은 방 안에서
툭툭 발길질하는 건방진 인사법
살아 있다는 은밀한 신호
부르르 떨며 쉬하는 짓에 사랑을 머금고 있다
보이지 않는 세상이 보인다
생의 신비스러운 비밀이 느껴진다

초음파 소리 심장박동 소리
생애 처음 듣는 신기한 제 삼의 물결
세상에서 가장 가까운 샛별의 신호
너는 나의 눈이자 귀
엄마의 등대란다
빨리 만나고 싶다 샛별아

25시 사람들

모두가 잠든 거리
어둠 사이로 불야성 이루는 맘모스 상가
길목마다 지게꾼들의 땀방울이 쌓여 있다
상가 불빛 사이로 새어 나오는
올빼미들의 눈망울이 어둠을 밝힌다

커다란 지갑을 차고 달려오는 25시 사람들

여기는 빨리빨리의 원산지
패션의 고향 유행의 중심지
작은 별 큰 별 들의 눈이 반짝이는 샘터

밤낮이 뒤바뀐 야전 사령부 사람들은
낮에는 눈이 두 개 밤에는 눈이 네 개 되고
부엉이들의 눈은 커지며 빤쩍인다

양손에 어깨에 무기를 들고 실탄을 차고
바쁘게 가고 있는 25시 레지스탕스들
유행의 지렛대들이 뛰어오고 달려가고 넘어지고
어둠 속의 빛을 향해 정신없이 오고 가는
여기는 별들의 전쟁터

이천 년을 걸어서

천 년을 걸어 내려온 신점리 은행나무
세상을 다 알고도 모르는 척 뒤돌아 있다

산문의 연등 속에서
고개 내미는 아기 부처
눈물 떨구는 노란 은행잎을
붙잡고 좋아라 한다

수만 개의 은행잎이 날개 달고
하나하나씩 떨어져 모두의 따뜻한 마음이 된다

은행 알갱이의 구린 냄새는
세상의 잘못을 꼬집는 법문의 향기
세상의 양식이 된다

천 년의 흔적이 남아 있는 보살나무
신라 조선 대한을 건너온 산중인 나무
이천 년을 향해 가는 신의 한 수 나무
새로운 세상의 지킴이
사랑이라는 은행 알을 떨구며 이천 년을 가고 있다

발의 미학 1

어머니 발은 허물 벗고 나온
애벌레 껍질
아버지 발은 허물 벗어
딱딱해진 노새의 발

어른 되어서는 만져보지도
씻겨드리지도 못한 발

매일매일 닦아주는 애완견 발은
인형의 발
아기 발은 솜사탕 향이 나는 발

나이 들수록 볼썽사나워지는 발
짐이 되는 발
나이가 무서워지고 발이 무서워진다

발의 미학 2

평생 징검돌이 되는 발
몸의 축이자 지렛대

발은 신체의 부속실
기혈 따라 솟아나는 에너지 산실

오장육부를 숨겨 놓은 작은 십자가
제 2 의 생명이 숨어 있는
작아도 커다란 운동장

우리는 발의 중요함을 잊고 사는 장애인
오늘도 새로운 길을 향해
가시밭길을 인도하는 순례자 우리는
발이 자신의 얼굴인 줄 모르고 산다

충전되지 않는 건전지

잠깐 세월 앞에 무얼 하러 왔는지
무얼 가지고 가는지
아직까지도 모르고 산다

아이 때는 허물 벗다 세월 보냈고
학생 때는 겉멋에 살았고
청년이 되어서는 인생의 동반자
이성을 찾아 다녔고
어른이 되어 충실한 가족의 셰프가 되었다

나이 들어 쓴맛 단맛 다 맛보고 나니
찾아가는 곳이 병원
노년이 되니 건전지는 방전되어 더 이상
충전이 되지 않았다

인생은 세월이라는 늪에서 벗어나지 못 하고
버려지는 건전지일까

생과 사의 굴레

단단한 껍질 속에서 세상 밖을 나오는 새 생명들
무리지어 모래 속을 헤집고 나오는 어설픈 네 발
눈도 떠지지 않는 아기들
뒤뚱뒤뚱 걸음마에 세상이 너무 무섭다

사방에서 달려드는 양상군자들에게
사정없이 끌려가고 잡혀간다
저항하다 넘어지고 피 흘리며 죽어가는 아기들
어렵고 힘겨운 걸음마 징징징 울며불며
혼자 일어나 살아야 하는 법을 배운다

겨우겨우 살아서 바다를 향하는 아기들을 향해
달빛 속에서 들려오는 천수경
수리수리 마하수리 수수리 사바하 주문소리
별빛에서 나오는 주기도문 소리
끊임없이 모래사장을 뒹굴고 뒹군다

부처님이 모래 위에서 뒹굴고
하느님이 모래사장에서 피를 흘리고 있다

어미 되어 돌아오는 생존율 1%도 안되는
거북의 운명은 순교자일까
세상 참 공평하지 않다
작은 생명을 위해 해야 할 일이 무얼까

마음

내 안에 마음은 하나일까 둘일까

양심과 비 양심은 몇 개나 들어 있을까

마음은 가슴 속에서 자라는 갈등나무

심장에서 줄다리기하는 장난꾸러기

언제나 정답 없는 변덕쟁이

환승역에서

우리는 아침마다 밀려가고 밀려오는
파도의 물결에 쓸려 다닌다
꼬리에 꼬리를 물고 늘어진 환승역
오르락내리락 자동 층층대에 올라 도는 인간 마네킹들
돌고 도는 물레방아 인생들

계단 기계에 올라탄 모습은 허수아비 뒷모습
내려오는 모습은 줄 잇는 인간 폭포수 모습
의상 생김새 모두 다 제각각 토끼들처럼 오가는 길

아침마다 만나는 인연의 마당
매일 아침마다 만나도 매일 다 다른 사람들
밀물처럼 밀려오고 썰물처럼 밀려가는 우리네 길

휴일 아침 뜰에서
쉬지 않고 줄지어 오가는 개미들을 보고 있다
저 무리 안에 나의 모습이 보일까
개미의 환승역에서 나를 찾고 있다

마지막 호소

그대는 아는가
악명 높은 너의 이름을
너와 나 운명을 같이 하는 동반자
널 죽도록 원망하다 이젠 인정하기로 했지

그대는 아는가
넌 나의 모든 걸 빼앗은 암세포
그래도 탓하지 않겠네
언젠가 같이 떠나야 하니까

그대는 아는가
너는 갑 나는 을
지금 통증이 아주 심하네
신경질 그만 부리고 나 좀 살려주시게 너무 아파

그대는 아는가
이제 떠나야 할 때가 되었지만
얼마간만 더 기다려 주시게 가족과 헤어지기 싫으니
넌 가족이 없지 않나

빨리 가고 싶지 않네 이 악마 같은 자슥아

그래도 화장터에서 너와 나
둘이 같이 사라질 사이 아닌가 좀 봐주게

이웃집 엿보기

초저녁 현관문을 열고 들어서면
어둠 속 반겨주는 전기 스위치
환한 미소를 지어준다

허한 마음을 꺼내는 이웃사촌
말라버린 혼밥을 꺼내다 다시 집어넣고
혼술을 꺼내 지난날을 꺼내 뒤적인다

건강하게 사는 비법
운동만이 시들어가는 육신
메말라가는 세포에 친구가 되어 준다는 이웃

큰 방에 보름달의 흔적이 남아서
세월을 기나리고 있고
건너 빈 방은 작은 별의 흔적만 남아있다

거실에 혼자 떠들고 웃고 우는 TV
일부러 크게 틀어놓고 잡생각을 지운다는 이웃
말을 걸어주는 이가 없어
소리의 그림자와 가까이하고 산다

십 개월의 웰빙

몇 년은 하느님 몇 년은 부처님 찾아다녔던
기도에 효험이 있는 듯
꺼져가던 용광로에 불이 붙었지

열 달의 닫힌 문을 열고
좁은 문을 향해서 요동을 친다
아픔인지 고통인지 기쁨인지 모르는 긴 시간

요란스런 산모의 기도소리 염불소리 끝나자
연꽃 봉우리 서서히 보이기 시작한다
운명 교향곡 사방에 울려 퍼진다

활짝 열린 꽃봉오리 사이로 떨어지는 황금 알
친정 엄마의 웃음 섞인 눈물방울이
산모의 얼굴에 뚝뚝 떨어진다

생명의 고통이 엄마의 일생일까
삐쭉거리는 아기 입술 하느님 부처님 입술을 닮았다
아랫배를 문지르던 손가락으로 길고 길었던
열 손가락을 꼽아 보는 아기 엄마

동강의 눈물

암울한 역사 속에 갇혀있는
육지 속의 여린 눈물 섬
몇백 년 지나도 변함없는 옛 나루터 그대로
싸한 물바람이 뱃전을 뒤흔든다

울먹이는 물살을 타고 힘없이 건넌 나루터
이홍위의 울음소리 스쳐가는 듯 답답하다
밤에는 두견이 찾아와
고개 숙이고 있는 굽은 관음송에 올라
소년의 울음을 달래주던 곳
세월의 비수가 심장을 억누른다

밤이면 나타나 호령하던 이도 할아버지
영도교에서 피눈물 흘리던 어린 황후 송 씨
그날이 환상이 머릿속에서 비틀거린다

소리치며 애원해도 듣지 못하던 하늘
귀먹은 하늘을 영월에 묻어 두고 떠나간 자규 시인
눈물의 강을 떠나지 못하고 있다

청령포 안에서 흐르는 샘물 이홍위의 눈물인가
그 샘물은 짠물 쓴물이었다

이홍위(李弘暐) : 단종의 이름
이도 : 세종의 이름

내 몸 안에는

내 안에 결격생은 없다
길게 늘어진 혈관 작은 세포들이 모여
톱니바퀴 타고 사랑의 언덕을 오르고 내린다
몸은 살아 숨쉬는 작은 생명체들이 집합체
협동하는 세포와 장기들이 모여 산다
서로서로에게 대충대충 이라는 것은 없다
게으르면 엘로카드 태만하면 아웃사이드
단 한 번의 지각 결석에 몸 전체는 치명상 입는다
당신은 오장육부를 거느리는 몸의 주인
모든 영양소 비타민으로 활력을 키워야 할 의무가 있다
뇌는 전체 노조의 조합장
구석구석 자리 잡고 있는 장기들을 항상 잘 감시해야 한다
얼굴과 머리는 수많은 직원을 거느리는 공장장
심장은 온몸에 피를 나눠주는 대표님
몸 안의 조합장 공장장 직원들 모두에게 감사드리고
모두 사랑합니다 몸의 가족일동

야망의 늪

산 넘고 물 건너
논두렁 밭두렁 건너
가시덤불을 헤쳐 나오면
내 세상이 되는 줄 알았다

건물 사이로 보이는
야망의 늪 소유의 늪에서
발버둥치며 기를 쓰며 살아왔다

살아보니 쉬운 것 같아도 어려운 게 삶
이젠 이웃들이 하나 둘 소리 없이 떠나간다
다 떠나가고 홀로 남으면 누구하고 있지

애지중지 숨겨둔 황금덩이
돌보다 더 가치 없는 욕망 덩어리

떠나는 날 노잣돈에 현금 대신
신용카드를 입속에 숨겨갈까 한다

서울 속의 옛길

갓을 쓴 보부상이
흥인지문을 나와 함흥을 가던 지름길
조선 양주현 방예리 무수골

조상의 터전을 떠나지 못하는 안동 김 씨네
마당 빨래 줄에 지난 세월이 펄럭이며
세월의 바람을 부르고 있다

도봉동 104 마을 무공해 논배미
우렁이들이 농약 대신 논에서 일을 하고
한눈팔고 있던 메뚜기에 토종개구리가 뛰어올라
허기를 채우는 풍경이 눈에 들어온다
친환경 농사로 옛 향수를 지키고 있다

모내기 추수 때 무수골 계곡에 모이는 밤골 토박이들
전주 이씨 류씨 김씨 남궁씨 품앗이 계원들이 모여
모내기와 추수를 하는 누런 황금 마을

무수골 입구 무수히 전하 길 안내판이
옛 모습을 안내해준다
서울 속에 살아 숨 쉬는 마음속의 고향 옛 길 무수골

사랑의 씨앗

바람에 실려와 뿌리내린 생명들이 있고
이곳저곳 떠돌다 온 생명들도 있습니다
이곳에는 고향을 등지고 떠나온 홀씨도 있고
험지 오지에서 혼자 자라다 온 푸새
언 땅에서 몸부림치다 살아난 이름 모르는 잡풀
죽음의 땅에서 살아난 돌쇠도 있습니다
화마가 쓸고 지나간 자리에서도 고개 내미는 억순이
바위와 바위 사이에서도 싹을 피우는 눈물초
모두 고귀한 생명 다 필요한 우리들의 자원입니다
풀은 다 같은 풀이고 꽃도 다 같은 꽃입니다
쓸모가 있다 예쁘다 차이일 뿐
공포와 추위와 배고픔을 견뎌낸 인동초
슬기로운 지혜로 다시 살아난 모든 푸새들
그대들은 자유의 꽃 인권의 꽃 승리의 꽃입니다
죽음 앞에 시달려온 장한 설움의 꽃입니다
남쪽 땅에 뿌리내린 그대들은
북쪽에서 날아온 사랑의 씨앗입니다

씨앗

누구나 짧은 세월 앞에 사랑하다
사랑 노래 부르다
소리 없이 이름만 남기고 떠나는 생명

누구나 잠깐의 세월 앞에
작은 발자국만 남기고
사라지는 피조물

생은 죽음의 씨앗
그 씨앗이 씨앗을 낳는다

천칭저울

그대는 양손바닥에 앉아 움직이는
여러 갈래의 마음
위아래를 오르내리다 양심 선상에서
멈추는 신의 눈

저울의 눈과 손은
진실을 밝혀주는 시금침
거짓을 알려주는 눈

한쪽에는 양심
다른 쪽은 비양심이 자리 다툼을 한다

너와 나의 사랑을
저울에 올려놓으면 어디에서 멈출까

그대는 양심을 저울질하는 거울
그대의 거울 속에는 진실만이 살아남는다

버거킹 앞에서

살아 움직이는 기계 앞에서
손가락으로 눈으로 음식을 만든다

남 따라 어찌어찌 눈치 보고 눌러 받아든
시외버스터미널 음식
숟가락 젓가락 없는 종이 밥그릇 앞에서
심기가 불편해 보이는 두 사람

옆을 보고 꾹꾹 눌러 따라 먹는 모습
얼굴에 묻히고 바닥에 떨구고 주워 먹고
돼지 밥그릇이 되었다
아이처럼 귀엽다

자고 나면 달라지는 메신저 앞에
따라가기 바쁜 세대
돌아서면 어제가 보이지 않는다

훗날 기계 누르면 점심은 달에 가서 달버거 먹고
저녁은 터미널에서 햄버거 먹게 되는 건 아닌지
그때는 숟가락 젓가락 세상에서 사라지겠지
빨라도 세상이 너무 빨리 변해간다

제 4 부

언덕 위에 흩날리는 깃발

아픈 겨울

이를 악물고 죽기 살기로
담장을 오르던 덩굴이 더 이상 오르지 못 하고
겨울 내내 꽁꽁 언 벽을 잡고 아우성들이다
말라버린 실가지에서 생명의 소리 들려온다
언 손발에 마음이 오그라든다

봄날 손발을 내저어가며 기댈 곳을 찾아
가시를 앞세우고 담장을 기어오르던 앙증스런 손발이
겨울에는 무지 외반증발 앙가발이 되었다

시들어가고 말라비틀어져 망가진 모습에서
생명의 빛 희망의 빛이 보인다
새 빛을 기다리는 덩굴들 얼마나 힘들까

자주 빛 사랑을 꿈꾸는 담쟁이
넝쿨마다 숨겨져 있는 은근과 끈기
발버둥 치는 민족의 혼을 닮았다

겨울날의 담쟁이는 배고픔을 견디다 못해
생명을 내버리고 내려온 탈북민 모습
지치고 힘든 꽃제비들을 바라보는 것만 같다

선의 미학

대웅전 기와 끝에서 끝으로
힘차게 솟아오르는 선
순수한 고전미에 빠지는 매끈한 여신의 선

하얀 옷을 즐겨 입던
선조들의 곧은 선 곧은 얼 곧은 지조 속에
마음속의 하얀 선이 숨겨져 있다

난을 친 화폭 안에
꼿꼿하게 뻗어나간 수묵화
그 속에 우리만의 고유한 선이 살아 숨쉰다

한복 속에 숨겨진
한복 옷고름에 흐르는
백자 청자의 빛깔 따라 흐르는
겨레의 얼이 살아 숨쉬는
시원하게 뻗어나간 선 선 선
우리 민족만의 숨겨져 선이어라

빈 의자

플라타너스 나무 아래
세월을 기다리는 의자가 있다
사철 꽃비 장맛비 비바람 눈보라에도
길손 꽃잎 낙엽 모두를 기다려 주는 친구

낙엽이 나무의자에 떨어져 가을을 노래하자
바람이 가랑잎을 넘어갔다 넘어온다

아프고 힘든 사람 추억에 취한 사람을 부르는 의자
언제나 기다림에 젖어있는 빈 의자
삐그덕거리는 나무 의자 아파도 잘 견뎌 낸다

지치고 멍든 이를 달래주는 음지 속의 안식처
아침이 되면 새들이 노래하다 가고
낮에는 그늘이자 쉼터
밤에는 노숙자가 쉬었다 가는 간이침대

모두 무심해도
의자는 그대를 기다립니다

가을 콘서트

별 사랑 달 사랑 사이에 숨어
사랑을 고백하는 계절의 알리미
장독대 섬돌 사이에 숨어 콘서트를 연다

풀잎 속에 숨어 사랑을 찾는 연주자
두 날개를 세워 가는 세월을 켜고
추가로 풀잎 사랑을 노래한다

시들어 가는 계절
떠날 준비를 해야 한다
짝을 찾지 못한 울보는 감을 잡지 못하고
아직도 사랑 타령이다

이제 접어야 하는 가을 소식에 울음소리 멈췄다
헤어져야 하는 삭막한 계절

가을은 낙엽 따라 떠나가는 로맨스그레이
야외 콘서트장이 모두 폐쇄되는 계절
매미 귀뚜라미 여치 잠자리는 어디로 숨어버리지

홍시 1

감나무에 걸려 있는 주름진 할머니 얼굴이
나를 내려다보고 있다
앙상한 가지 끝에 매달려 있는 홍시
어린 마음을 부른다

엄동설한 툇마루 선반 위에서
살그머니 꺼내 주었던 농익은 아이스크림
몸살에 설사에 홍시를 떠먹여 주었던
할머니표 사랑에 묘약

홍시 안에 노을 진 할머니의
불그스레한 얼굴이 숨어 있다

겨울에 먹을 수 있었던 유일한 먹거리

홍시 안에 할머니가 들어있다

홍시 2

홍시 먹고 싶다고
투정부리는 동생 생각에
홍시 몇 개 얻어들고 급하게 뛰어가던 아이

빨간 신호등에
횡단보도를 뛰어가던 소녀 가장
쏜살 같이 달려오던 트럭에

그만

아스팔트 바다을 붉게 물들인 낙조의
홍시 소녀
빨간 신호등 눈만 깜빡인다

홍시는 눈물의 앙금일까
신호등은 홍시의 앙금일까

홍시 3

새벽마다 장독대 앞에서
정화수 떠놓고 두 손을 빌었던 어머니

기도 끝내고 나면
버려진 정화수 먹고 자란
감나무의 홍시 안에
어머니의 치성이 들어있다

나무에 걸려 있는 보름달은
어머니의 얼굴
나뭇가지에 매달려 있는 홍시는
어머니의 젖가슴

떨어져 박살난 홍시에서 어머니의 애절한
기도 소리 들려온다

아름다운 소멸

시들어 가는 고목 뿌리에
세월의 이정표가 흐릿해져 간다

나이를 숨기는 나무
해마다 그린 동그라미 나이테에
자신의 나이를 감추는 겸손한 나무

자연을 아끼는 본능이 나무 안에 숨겨져 있다
버릴 것 하나 없이 모두 다 내주고
고향으로 돌아가는 자연 봉사자

넌 아름다운 동행자
시신 속에 같이 동행해주는 나무 관

마지막까지 생사를 같이 해주는 친구
너 앞에선 부끄러운 생명이어라

바다의 꽃

어둠 속에 소리 없이 왔다 사라지는
파도의 몸부림에 넋을 잃고 있다

파도는 바다에 떠도는 꽃
낮에는 안개꽃
밤에는 메밀꽃으로 다가온다
포말은 모래 속에 숨어버리는
파도의 눈물

분을 삭이지 못 하고 떠도는 너는
안개꽃 들고 웨딩드레스 입고 행진하는
하얀 면사포 쓴 신부의 모습

거대한 파도소리는
마지막 떠나는 길
숨 넘어 가기 전 몸을 떨며 소리치던 소리
그 사람의 멍울진 호소

모래 속에 눈물을 감추는 포말은 그대의 혼
그대의 영역 표시인가요

너의 비밀은

낡은 배낭 속에
찌들고 멍든 욕심 병든 양심을
넣고 떠나는 녹색 길

산은 사계절 아침저녁 밤낮 눈비 올 때마다
다 다른 모습을 지니고
글 속에 그림 속에 빠지게 한다

산 정상에 올라 산 할아버지를 부른다
계곡을 돌아나오는 산울림 할아버지
때묻지 않은 맑은 소리 참다운 소리
자신을 뒤돌아보는 소리 들려온다

산은 욕심 명예를 잠재우는 마음에 디딤돌
진실이 살아 숨쉬게 하는 선생님
산에는 명예도 부자도 모르고 사는
산 할아버지가 있어 간다

외딴 집

새벽닭의 울음소리는 하루를 알리는 황색 신호
멍멍이 소리 아침을 여는 적색 신호
굴뚝연기를 타고 나오는 연기는 청색 신호
산 속의 아침이 살아 움직인다

산속에 홀로 갇혀 있는 집
어둠이 깔리면 밤이 모두 나와 누워 버리고
별빛 달빛만 나와 논다

지나가던 바람이 밤새 비닐문짝을 흔들어 대며
문 열어 달라 졸라댄다
찢겨져 날리는 비닐 소리 밤새
귀신을 쫓아낸다

지리에 들면 짝을 부르는 새들의 소리
잠 못 이루게 하고
산짐승 소리 잠을 깨운다

달님이 자연인의 사정을 모른 체
어둠을 열고 나오자
구름이 달빛을 막아서는 밤
자연인의 코고는 소리 들려온다

고향을 잃어 가는 아이들

무겁게 어지럽게 출렁이는 도심의 거리
황사에 미세 먼지에 둘러싸여 있는
거리의 야경 속에 힘을 잃어가는 가로등
달리는 차량들은 발암물질을 토해내고
심드렁해져 있는 가로수 푸르름을 잃어간다
호흡기 질환 코로나 눈병에
코와 입을 감싸고 눈으로 인사하는 너와 나
우울감 불안감이 먼지처럼 쌓인다
외출도 운동도 자제해야 하는 일상
문명의 발달은 인류에게 병 주고 약 주고
자연에게 책임을 떠넘긴다
점점 출산을 기피하는 시대 아이들은 잘 보이지 않고
오락과 폰이 친구가 된다 아이들에게 고향을 물으면
고향이 없어 부모의 고향을 따라가는 새로운 고향 풍속도
동심을 찾는 밤하늘 별도 달도 꿈을 잃어가고
개인의 이기주의만 허공에 떠돈다
어디선가 들려오는 아 옛날이여 노래 소리에
그 날의 추억 속으로 들어간다

바람에 묻다

너는 그리스 신화에서 오는 바람의 신일까
천방지축 제멋대로 움직이는 리듬 앤 블루스 가락
클래식과 로큰롤의 대모

바람은 잘 놀다가도 순식간에 소리를 지르고
화를 내는 짓궂은 장난꾸러기
다혈질에 집시가 되어 떠돌다 때론
버들강아지 흔드는 소소한 바람이 된다
허수아비의 둘도 없는 친구
제멋대로 왔다 가는 자연의 놀이터

현대인의 일상은 바람을 닮았을까
바람처럼 실속 없는 빈 소리만 요란하다
자고 일어나면 거짓 정보 뉴스 보이스 피싱
모두 바람잡이들의 산실일까

바람의 고향은 어디일까
진실 없는 허상만 왔다 가는 너에게 묻는다
혼란스러운 바람 심술 바람 눈물 바람 고마운 바람
바람은 어디서 왔다 어디로 가는 걸까
너의 정체를 물어도 대답이 없구나

엉뚱한 곤충

둥근 황금 덩어리 동물 배설물 중
배설물을 선택하는 엉뚱한 곡예사

보름달 크기의 경단을 만들어
뒷발질로 언덕을 오르다
구르고 깔리기를 반복하는 고달픈 생명이여
둥근 너의 보물을 굴리며 먼 길을 묵묵히 가는 너는
뒷발질 잘하는 곡예사

옮겨온 보물은
다용도 하우스 아가 방 겸 주택 겸 먹이창고 겸
버릴게 없는 풍요로운 집이 된다

점점 사막이 되어가는 지구
매연으로 농약으로 시들어가는 땅
환경오염에 병들어가는 생명들
동물도 곤충도 식물도 사람도 죽어간다

멸종 위기에 놓여있는 넌
지구의 청소부이자 환경 지킴이
노벨 환경상 후보자
널 지킬 수 있는 방법은 없을까

차창 너머

창문을 비집고 들어오는 힘없는 햇살
달려오는 흔들바람과
앞서거니 뒤서거니 가고 있다

밀려가는 하늘의 구름
흰 수염 늘어진 솜털구름 검은 눈썹의 잿빛구름
달마대사를 부르며 쫓아간다

청보리 밭에서 바람이 어깨동무 하고
이 고랑에서 저 고랑으로 넘어갔다 넘어온다
봄을 노래하는 뻐꾸기 소리
짝을 향해 구애를 보내는 소리
온 들녘이 뻐꾸기 소리의 물결로 물들어간다

청보리 밭에서 장끼 한 마리 걸어 나오자
뒤따라 머리 헝클어진 까투리 한 마리
깃을 털며 나온다

봄을 부르는 들녘 봄바람이 모두 나와 춤을 추고

새들은 봄맞이 행사에 같이 갈 짝을 찾고 있다
점점 어두워지는 하늘 봄비를 부른다

봄날의 왈츠 부르는 빗방울
덩달아 윈도브러시도 따라 춤춘다

소소한 인연 1

소리 없이 날아와
두 날개 펴고 춤을 추다 곡선을 그리다
저공 고공으로 꿈을 그리는 나비소녀

세상 모든 꽃들에게
이성에 눈을 열어 주고 맺어 주는
사랑의 전도사

태풍 비바람에 엉거주춤 할 뿐
백리 천리를 가는 억척이 이었다

어느 날 짧은 생 뒤로하고
바닥에 떨어져 팔딱거리는 몸부림은
저승 가는 이의 마지막 모습처럼 보인다
소소한 인연 속에 너무 짧은 생명
아쉬운 나비의 일생

소소한 인연 2

고운 햇살 놀이에
꽃단장 하고 있는 꽃순이에게
날갯짓하며 다가오는 커플 매니저의 눈웃음에
보조개 보내는 씨방의 순이

설렘의 씨방에 불이 켜지자
노크도 없이 들어와 주고받는 사랑의 신호
발그레 지는 암수의 첫 만남에
미소가 넘친다

소소한 인연을 물고 오는 메신저
씨방 속에 귓속말을 살그머니 넣어 주고 간다
건실한 집안의 자손이라고

귀를 기울이면 꽃 속에서
얼굴 뜨거워지는 소리 들려온다
그 소리도 들려온다

물속의 그림자

중랑천 수변을 따라 피어 있는 쌍둥이 꽃
땅에서 물물에서 서로 마주 보며 손을 흔들고 있다
물속의 아파트 안에서 물고기들이 번갈아 오가며
사랑놀이에 물 텀벙 놀이에 빠져 있다
비를 맞으며 몇 시간째 물속에서 움직이지 않고
서있는 왜가리 모습에 떠오르는 어느 날
실연 당하고 한강을 서성이며 비를 흠뻑 맞고
생쥐가 되어 있던 그날의 모습이 떠오른다
물을 가르며 일렬종대로 어미 오리를 따라가는
새끼 오리들 모습에 손잡고 나들이 갔던 어린 날
그날의 유치원생이 되어 따라가고 있다
은물결에 춤추는 햇살 낮에는 물낯에 앉아 4 분 음표를
그리고 어둠이 깔리면 가로등과 물속에 들어와
출렁출렁 물 춤에 빠신다
별들이 물속에서 반짝반짝 작은 별을 부르고
달들이 달아달아 밝은 달을 부르고
물고기들이 덤벙거리며 시중유화 화중유시를 그린다
흘러가는 물속에 그림과 시가 따라가고
이태백이 술병 들고 뒤따라간다

자연의 지우개

날개 없이 다가오는 넌
심술꾼에 몽니쟁이
험악하게 다가오다 잠잠해지는 망나니

여름엔 시원한 사랑꾼
겨울엔 동장군의 호위병

알 수 없이 떠도는 너의 정체는
윤곽 없는 실루엣
자연의 큰 아버지

넌 타임머신 타고 몰래 숨어 들어왔다
몰래 가는 숨겨진 길잡이

자연은 왔다 사라지는 지우개
자연이 주는 선물

제5부

당신의 이름은 하늘 꽃

아름다운 배웅

1 장례식장에서

불이 꺼진 인생 무대
향불과 촛불 사이에서 울음을 참고 있는 국화꽃
어린 꽃들을 두고 떠나는 어미
마음이 얼마나 갈기갈기 찢어질까
깨어날 줄 모르는 꽃님
어린 꽃들을 세상에 남겨 두고 어찌 가나요

2 화장터에서

꽃다운 나이에 천도 넘는 불속에서
두 번이나 힘들게 하는 이여
나의 허물도 같이 넣어 보냅니다
당신이 남긴 한줌의 골분 잘 모시겠습니다
먼저 보내는 죄 내가 받아야 할 죗값은
어찌해야 하는지 알려주고 가세요

3 납골당에서

영혼과 육신이 만나는
첫 만남 첫 사랑 첫 데이트 장소입니다
마음으로 눈으로 대화하는 세상
기억이 잠들어 있는 아픔의 고통을 가둬둔
작은 방이 당신의 전 재산, 방이 너무 작아 슬픕니다
당신은 언제나 아이들을 지켜보고 있는 하늘에 별
아이들이 다 자라면 당신을 찾아가겠습니다
밤하늘에 떠 있는 사랑에 별자리를 찾아서

천 년 나무에 살어리랏다

당신은 내 안에 잠들어 있는 얼굴 없는 꽃
꿈속에 환상 속에
아른거리는 아지랑이 꽃
심장 속에서 시들지 않는 꽃
아침마다 성모 앞에 기도드리는 꽃

당신은 둥지 속에서
먹이 달라 울어대는 아기 새들을 두고
떠난 아픈 어미새
몸과 마음이 아파 어찌 날아갔을까

야속한 새야
다음 생애는 천 년 사는
연리지 은행나무로 태어나 둘이 붙어살자
은행잎에 찐 사랑을 가득 담아 날리고
은행 한 알 두 알 떨구며
천 년 사랑에 살어리랏다 노래 부르며
아프지 말고 오래오래 붙어살자

하늘 꽃

당신은 다 피지도 못 하고
시들어 버린 상사화
나는 주위를 맴돌다
점점 시들어 가는 하늘바라기 꽃

당신은 어둠 속에 묻힌 꽃
나는 묻힌 꽃 옆을 서성이다 지친 달맞이꽃
밤이 되면 꿈속에서 나와 하늘을 지켜보고 있다

하늘에는 시든 꽃을 다시
꽃 피게 해주는 하늘 꽃이 있다지

상봉하는 날 살아난 하늘 꽃 들고
날 맞이해 주겠지
그날을 기다리고 있을게

첫 기일 날

늦은 밤 문패 없는 대문 앞을 서성이는 검은 그림자
기척도 없이 안으로 들어간다

거실 벽시계는 일 년 전 시간에 멈춰 있고
병풍 앞 조율이시로 차려진 제상
제주가 읽어 내려가는 축문 따라
지난날이 마중 나온다

연거푸 채우는 퇴주잔에 얼큰해지는 혼백
하늘하늘 허공을 향하는 향불의 연기 따라
함께 했던 추억이 살아나고
흐느적거리는 촛불이 글썽이다
떨구는 뜨거운 눈물

아내의 손을 잡아당기고 얼굴을 쓰다듬고
끌어안아도 눈길 한번 주지 않고
불러도 대꾸 없는 아이들
악을 쓰며 소리치다 발만 동동거린다

태워버린 지방의 재를 밟고
벌게진 모습으로 취한 채 남남강을 건너고 있다
알아봐 주는 아내도 가족도 없어 울며 간다
죽어 돌아와도 외롭구나

다시 피지 않는 꽃

밤늦게 글 밥을 짓는 나에게
사각사각 연필소리 내며 다가오는 이
한잔 술의 유혹이 그날을 부른다

당신의 애칭은 보름달
달 속에 숨겨져 있는 작은 보름달
입술에 하얀 카페라테 묻어 있던 그날의 사진 보고
혼자 힘없이 웃고 있다

비실비실 몸은 약해도
보랏빛 눈은 샘물처럼 맑았다
나는 혼자 어떡하라고
아름다운 사연만 가득 남기고 간 이

마지막 날 곱게 웃으면서 시들어 버린 꽃
다시는 피지 않는 꽃이 되었다

당신은 나만의 꽃으로 시들어 갔고
나는 당신만의 꽃으로 시들어 갑니다
언제나 변함없이

구멍 난 가슴

우수수 떨어지는 낙엽을 바라보며
가슴이 구멍 난 걸 알았다
텅 빈 구멍을 메우고 싶어 마음의 고향을 찾아
만남의 장 넋두리 산실에 왔다

하늘의 문 기억의 방주인에게 묻는다
떠나는 날 내 손에 쥐어 주었던
하늘 입장권 카드를 기억하는지

하늘의 문 앞 키오스크에 그 카드를 넣고
이리저리 눌려도 반응이 없다
아직은 대상이 아닌지

잠결에 중얼거리는 주기도문 소리에
꿈속에서 걸어 나오는 그 사람
떠난 날 그 모습 그대로 다가오다 사라졌다

꿈과 현실 속에서 허공만 바라보고 있다
하늘 입장권 카드를 만지작거리면서

비 오는 날

점점 어두워지는 하늘
잿빛 구름 사이로 하늘을 가르는 신음 소리 들려온다
더는 참지 못하고 흘러내리는 하늘의 눈물

빗물 타고 내려온 하늘 우체부
유리창에 점자를 닥지닥지 붙이고 간다

느낌으로 아는 발신자 주소 이름
나의 눈물로 닦아 낸다

눈물 젖은 보랏빛 사연
하늘의 글자를 풀지 못해 눈을 찌르다
입술을 꽉 깨문다

비 오는 날엔 꼭 찾아오는 너의 연서

비 오는 날은 기다림의 날
창문만 바라보는 심란한 날
마른 점자를 하얀 손수건으로 닦아내고 있다

그날의 당단풍

빨갛게 물들어 가는 단풍 아래에서
벌겋게 물들었던 두 아이의 눈과 입술
심장은 불타고 있었다

둘만의 다붓한 기억
부끄러울 땐 못 본 척 해주었던 추억 나무
둘이 새끼손가락 걸었던 그날이
아직도 단풍잎 속에 추억으로 남아 있다

서로 마주보던 눈과 입술은
붉은 단풍 속으로 빨려 들어갔지
하얀 제복도 벌겋게 물들었지

다시 찾아온 그날의 당단풍 나무
날 기억하는지 하나 둘 단풍잎을 머리 위에 떨군다

둘 닮은 단풍만 골라 두 장씩 마주보게 포개
조심스럽게 끼워 넣는다
그날의 그 시집 두 쪽 사이에

사라진 사람

온종일 하늘하늘 날고 있는 하얀 꽃가루
온 세상을 하얗게 뒤덮는 백설꽃
눈가에 눈물로 다가와 흘러내린다

잡으면 사라지는 설공이
도망가지 못하게 돌돌 굴려 내 사람 만들어 놓고
눈썹 붙이고 입술을 만들고
면사포를 씌운다

눈사람 속에 감춰 둔 설녀
내가 그리던 그녀

차갑고 따뜻했던 그녀
출장 갔다 와보니
헤어지기 싫어 얼마나 울었는지
눈물 자국만 흥건히 남기고 사라져 버렸다

기다림의 꽃

도솔천 계곡을 빨갛게 물들인 꽃무릇
이룰 수 없다는 사랑에 꽃말 너무 잔인하다
너무 고와 시기심에 붙인 꽃말일까

레드 카펫 깔아 놓은 듯
다홍색 비단 옷을 걸치고
붉은 가면을 쓴 긴 눈썹 꽃
고운 눈매를 뽐내고 있다

죽은 이도 그리워 다시 찾아온다는 꽃

강렬한 카리스마를 풍기는 여인
그에게 사랑을 고백하고 싶어도
고백할 자신이 없어 갔다가 다시 돌아와
새빨간 침묵 속에 빠지는 여리고 순수한 꽃

꽃바람 타고 밀려오는 선운사 종소리
사랑의 기다림에 지쳐있는
사연 많은 꽃무릇을 달래 주고 있다

사랑의 저울

지울 수 없는 미련에 울다 지쳐
손가락에 끼고 있던 반지를 빼
흘러가는 냇물 속에 미련을 던져버린다
아프게 굴러가는 굴렁쇠

거짓말에 사라져버린 믿음
깨진 믿음 속에 금이 간 이별
이별에 지워져버린 미련

사랑의 깊이를 측정하는 저울은 없을까

허전한 손가락 사이로
지워져가는 추억의 그림자
시원한 바람이 눈가를 훔친다

저울 눈금이 제로에 와 있다

당신은 찔레꽃

꾸밈없이 피어있는 순박한 향기 꽃
작은 가시 속에 아픈 노래가 숨어 있는 꽃

티 없이 맑은 목소리
흉성 가성 두성을 비틀고
앙금 쌓인 가슴을 찢고 나와
눈물샘을 자극하는 당신

하얀 머리에 흰 두루마기 입고
가시에 찔려 울먹이는 하얀 꽃 신사
슬퍼서 춤추고 노래한다

당신의 향수를 잊지 못해 밤이면
별을 보고 달을 보며
밤새워 울고 있다지

울먹이는 노랫소리에
시들어 있다가도 다시 살아나는 하얀 꽃
당신은 찔레꽃처럼 울며 노래하는
찔레꽃 신사

눈 꽃송이

새하얀 백설 허공에서
날개 펴고 눈꽃 춤을 춘다
어두웠던 마음 하얗게 변해 간다

하얀 마음을 손짓하는 하늘
누군가 날 반겨 줄 것 같은 날
율동하며 날고 있는 백설 사이로
그리운 사람이 보인다

그 사람 생각에
마음속의 눈사람을 만들어 놓고
둘이 함께 크리스마스 노래 부른다
백 살을 살아도 맞이하는 겨울은 백 번
얼마나 소중한 한 번의 겨울인가

시작 노트 안에 숨어있는 그대는
하얀 눈 꽃송이 새하얀 시
영혼 속에 사는 눈꽃 서사시

펑펑 날리는 시 속에

눈의 고향을 향해 가고 있다
그대와 함께 눈 속으로 들어가고 있다

섬 집 엄마

아기였던 나를 재워 두고
바다에 나가 자맥질했던 엄마의 숨비소리
그 엄마가 자다 일어나 가끔 휘파람 소리를 낸다

오늘은 목욕시켜 드리는 날
엄마의 젖가슴은 바람 빠진 고무풍선
아랫도리는 말라 버린 고목나무
손으로 가슴으로 와닿는 멍울은
가까운 훗날 나의 그림자

명절날 손녀가 부르는 섬 집 아기 노래에
눈물을 떨구는 친정 어멍
손녀가 할머니 왜 울어 눈물을 닦아 준다

눈물이 메말라 있던 당신의 머리에
섬 집 아기 노래는
기억 살리는 치매 약이었다

아기처럼 잠든 당신 모습
회귀해 알을 낳고 눈을 감는 연어 어미의 마지막 모습
엄마의 눈 속에 연어 어미가 숨어 있다

거울 속의 여심

꿈을 그리는 거울 속에서
민낯에 어린 사슴을 그리는 꽃사슴
손놀림 따라 변하는 팔색조 거울

속눈썹에 초승달을 따다 걸어
밤하늘의 달이 되고
눈썹에 젊음을 그리고
입술에 살아나는 이성을 그리고
귓불에 단 풍경은 여심을 살린다

가슴에 숨겨둔 비밀을 잘 감추고
찰랑거리는 머리 결에 여심의 향기를 물들이고
신데렐라 신드롬 패션에 각선미에 **빠진다**
거울 속의 신발은 유리구두였다

여심은 거울 속에서 꽃이 피고
남심은 꽃을 보면 벌이 된다

밀물 썰물

온 세상에는 밀고 당기는 두 축이 있다
우주에는 줄다리기 놀이하는
해와 달이 있고
지구에는 밀물 썰물 놀이하는
남성과 여성이 있다

만나면 반가워 어쩔 줄 몰라 하는 밀물
떠나가 버리면 빈 모습만 남는 썰물
밀물 썰물 밀고 당기는 줄다리기 놀이

밀물 둘이 하나가 되는 사랑놀이
썰물 혼자 남는 이별 놀이

사랑은 밀물 썰물이 만나
풀어 나가는 피타고라스 정리

맷돌 자루

맷돌 앞에 마주 앉아
당신 손 내 손 두 손으로
맷돌 자루를 잡고 콩을 간다
한참을 갈다 빠져 버린 자루

혼자 천천히 자루 없이
맨손으로 맷돌을 돌리고 있다
힘만 들고 갈아지지도 않는 맷돌

평상시 소중한 줄 몰랐던 어처구니
당신이 얼마나 귀한 줄 알게 된 맷돌자루
어처구니없는 어처구니

별밤

지구의 환경오염 수치에
점점 멀어져 가는 밤하늘의 별
기력도 시력도 잃어 가는 별

봉안당을 나와 어두워진 밤하늘
하늘의 별을 헤아리고 있던 딸아이
아빠별을 찾아 달란다

둘이 떠나온 제주 여행
추억의 오름에 올라
그와 함께 했던 장소에서
그이가 찾아주었던 방법으로
힘없이 아빠별을 찾아 주었다

많은 별들이 떠 있는 제주 하늘에
나 홀로 추억의 별이 걸려있다
그이가 혼자만의 별에 숨어 눈짓을 보낸다

나의 별 너의 별을 점 찍어주며
별의 노래 불러주었던 야속한 사람
저곳에서 날 보고 있을까
딸아 저 별 속에 아빠별이 널 보고 있구나

신호등 앞에서

횡단보도 앞에 바람을 싫어하고
전기만 좋아하는 허수아비가 있다

모두의 생명을 위해 서있는 신호등
횡단보도 앞에 아이가 길을 건너지 못하고 있다
고장난 신호등만 바라보고 있다

고마운 줄도 모르고 매일 건넜던 깜빡이 등
당연히 있어야 하는 작은 약속인 줄 알았다
전기의 고마움도 잊은 채 살고 있다

우리는 고맙고 감사한 줄도 모르고 산다
그 아이의 눈망울이 신호등처럼 보였다
고마운 마음을 알려준 아이
아이는 어른의 아버지라 했던가

하얀 꿈

어디서 날아왔는지
꽃밭에서 춤추는 나비

머리에 핀을 꼽고 있던 딸아이
나비가 딸의 머리 위를 빙빙 돌다
순식간에 머리핀에 앉았다

엄마가 세상 떠나기 전
손녀에게 선물해 주었던 머리핀

순간 떠오르는 엄마의 얼굴
딸은 신기한 듯 웃고 있었다
나비는 남모르는 묘한 비행을 하고
어디론가 사라져 버렸다

눈을 떠보니 미련이 떠나지 않는 꿈이었다
온종일 머리 위를 날아다니는 나비
엄마의 얼굴이 머릿속을 떠나지 않는다

마지막 미완성 무대

세상 모두 다 내려놓고
국화 속에 묻혀 있는 그대
아주 편한 모습 걱정 없는 모습
세상을 달관한 보살처럼 앉아 있다

여기는 생의 마지막 연극무대
하늘을 오르는 향불은 이승 저승을 가르고
흐느적거리는 촛불은 하늘 길 오르다
손을 흔들어 지나온 길 지우고
떨어지는 촛농으로 마지막 인사하고 떠나간다

그대는 국화 속에서 눈물 흘리는 주연배우
나는 눈물 닦아주는 조연배우
아무런 실패 없이 근심 걱정 없이 치른 무대
조용히 막을 내린 미완성 무대

추억 속에 묻혀 버린 그대와의 단막극
부끄럽지 않은 쓸쓸한 무대
행복한 연극 무대이지 않았나요
너무 억울해하거나 슬퍼하지 마세요
저도 끝나는 대로 바로 따라갑니다

跋文

숨결 그대로 소리의 무늬를 따라가다
-임승훈 시집 「아름다운 배웅」을 읽고

김남권(시인, 계간 '시와징후' 발행인)

이 세상은 소리로 가득 차 있다. 우리가 침묵하고 있는 순간에도 우주에는 수많은 소리들이 각자의 주파수를 찾아 방황하고 있다. 지구에서 보낸 수많은 소리들도 우주를 관통하며 고유한 소리의 집을 찾아가느라 촌음도 쉬지 않고 있다. 글이 침묵하는 소리의 결정이라면 말은 생명이 살아 있다는 최초이자 최후의 근원적 현상이다. 그중에서도 인간은 고통 속에서도 소리를 하고, 즐거움 속에서도 소리를 한다. 씨알의 소리를 창간했던 함석헌 선생은 고난받는 민중의 소리에 주목했다. 그래서 그들의 소리를 들으려고 했고, 그들의 소리가 생명을 이어가는 소리였다는 것을 밝히기 위해 철학적 깨달음에 집중했다. 20세기 서양에서 철학을 소리의 차원으로 이해하려했던 사람은 임마누엘 레비나스이다. 그가 소리에 주목했던 이유는 타인과의 관계라는 그의 철학의 중심적인 주제가 시각 중심적인 기존 철학의 개념으로는 불가능했기 때문이다. 생각이나 사유, 또는 이해와 같이 주체와 대상을 분리하고 나누는 개념으로 타인을 대할 수 없다고 본 것이다. 이러한 사상의 근간에는 시각, 빛이나 보는 행위들은 반드시 소리와 연결될 수밖에 없다는 필연성을 내포하고 있다고 할 것이다. 우주와 대기권을 가로지르는 모든 빛은 시각적 현상과 더불어 소리를 가지고 있다. 그리고 이런 시각적 현상을 움직여 소리로 연결시키는 것은 바로 미세한 공기의 떨림이다. 폐와 목구멍과 혀와 입술을 움직여 눈에 보이지 않는 미세한 공기를 움직여서 말을 하는 인간의 소리는 인간뿐만 아니라 자연과 동물, 우주를 향한 소통의 시발점이자 생명의 존재 여부를 알리는 실존의 행위인 것이다.

임승훈 시집 『아름다운 배웅』에서는 이런 소리의 울림이 시와 시인의 행간을 넘나들며 시적 화자인 시인의 내면을 상징적으로 발견하게 하고 있다. 5부로 나누어져 있는 시편들 중에서 소리와 관련된 시가 유난히 눈에 많이 띄는 것도 예사롭지 않은 소리의 집착을 보여주고 있다. 인간은 누구나 태초의 소리로 어머니를 기억한다. 그리고 세상에 처음 나올 때 자신이 쏟아낸 울음소리로 평생을 살다가 마지막 순간에는 누군가의 소리로 눈을 감는다. 그래서 우리가 알고 있는 대나무 숲이나 소나무 숲에는 수많은 소리들이 모여 잠이 들고 깨어난다. 그 소리의 중심에 천국을 향해 나아가는 누군가의 숨소리도 담겨 있는 것이다.

잔잔하던 대나무 숲
바람이 푸른 잎새를 흔들어대자
초록 물결이 우수수 떨어진다

풍금 소리 들려오는 대나무 밭
눈 감고 귀 열면 하늘의 자장가 소리
엄마의 숨소리 들려온다

서걱서걱 소리를 꺾어
사각사각 치대다가 휘몰아치는
휘모리장단 소리는 바람의 고향 소리
천국의 계단 오르는 소리

부러지지 않는
지조와 절개를 흔들다 지쳐
달아나는 푸른 바람 소리
가냘픈 소녀의 목소리

댓잎의 속삭임 소리
천국을 향해 날아가는 음악 소리

- 「댓잎의 속삭임」 전문

대나무밭에서 우수수 쏟아지는 소리는 결코 대나무만의 소리가 아니다. 허공중에 흩어져 방황하던 소리들이 모여들어 바람이 지날 때 그 소리들을 쏟아내는 것이다. 그 소리들 속에는 아이들의 웃음소리도 있고, 사랑하는 사람의 달콤한 고백도 있고, 화가 난 사람의 목소리와 동물들이 죽어가면서 울부짖는 소리도 포함 돼 있을 것이다. 그런데 저녁 예불을 올리느라고 계곡이 있는 산사에서 들려오는 종소리에는 얼마나 많은 의미가 담겨 있을까? 그 종을 만들기 위해 피땀 흘린 장인들의 소리도 있겠지만 종을 제작하기 위해 시주에 참여한 수많은 사람들의 염원과 기도, 간절한 바람이 담겨 있을 것이다. 그래서 온 세상의 아픔을 부르고 마음의 눈을 뜨게 하는 종소리로 태어난 것이다. 시인은 그 소리에 귀기울이며 내면의 어둠을 걷어내고 있는 것이다.

저녁놀 따라 들려오는 석림사 종소리
무심으로 왔다 유심으로 돌아가는 소리
우리는 어디서 왔다 어디로 가는 걸까

어둠 속에서 계곡을 따라 내려오는 물소리
온 세상을 잠재우는 소리
사찰의 처마 밑에서 들려오는 밤 풍경소리
아기들의 자장가 소리

내 안에 있는 나는 누구일까 알고 싶어
어둠 속에서 스님의 선문집을 열어 보았다
어두워 아무것도 찾아내지 못했다
계곡의 울음소리만 밤새 요란하다

어둠이 걷히는 계곡
밤새 산 정수리를 밟고 걸어 내려온 새벽의 눈
어둠이 산속에서 밤새 걸어 내려왔다
하얀 연기가 사찰의 굴뚝에서 모락모락 솟아오른다

귓속을 스쳐 지나가는 새벽 풍경소리
새 아침의 웃음소리 풍경도 빙그레 웃고 있다
새벽 종소리 계곡을 걸어 내려온 새벽 눈을 부른다
온 세상의 아픔을 부른다
마음의 눈을 부른다

- 「석림사 계곡」 전문

    도로와 철로가 지나가는 산마다 터널이 뚫리고 산자락이 잘리고 동물들은 해마다 로드킬로 수없이 죽어나간다. 마음을 눈을 뜨면 세상의 소리에 귀기울이게 된다. 눈앞에 보이는 현상뿐만 아니라 그 너머를 볼 수 있는 깨달음이 생긴다. 시적 화자는 전 국토에 뚫린 수많은 터널들을 지나가는 차량과 기차를 바라보며 산이 신음하고 자연이 고통스러워하는 소리에 집중한다. 누구를 위한 문명의 이기인가? 하는 질문을 던지고 있다.

매일매일 쉬지 않고 산허리를 돌아 나오는 차량들
매연이 매연의 꼬리를 물고 수없이
터널을 빠져나오는 개미군단들

터널을 지날 때마다 들려오는 나팔 소리 호루라기 소리
구급차 사이렌 방귀 울음소리 삐약이 소리까지
쉼 없이 울어 댄다
서울 떠나 인제 양양 가는 도로에 가득 깔린
삶의 즐거움이 산허리를 잘라낸다
문명의 이기에 잘려나간 허리에 60 개 넘는 터널
몇십 년 쉬는 날 없이 산 할아버지만 부르고 있다
허기진 산 할아버지의 허리를 밟고 내려오는 산마루
지쳐 오르는 고달픈 산비탈 모두 힘들어 울고 있다
파헤친 도로와 터널의 신음소리에 병들어가는 자연환경
문명의 도약은 자연 파괴
여기저기서 병들어가는 산의 앓는 소리 들려온다
우리는 편하고 불편해하는 자연 앞에 떳떳할까
편하고 빠른 게 삶의 전부일까
파헤친 자연 누구에게 하소연하지?

-「양양 가는 길」전문

  대지와 하늘을 지난 소리들은 드디어 바다에 다다른다. 환경이 오염되어 신음하는 바다는 제대로 숨을 쉴 수 없어서 곡비소리를 낸다. 혼자 울 수 없어서 곡비를 구해서 울어야 할 지경이다. 산과 강, 대지 위에서 매일 쏟아져 나오는 환경오염 물질은 이미 한계치를 넘어서고 있고, 석유와 가스, 매연, 황사로 오염된 대기는 빙하를 녹이고 기후 재앙으로 몰려오고 있다. 바닷물의 수온은 해마다 상승하고 있고, 선진

국도 후진국도 지구 환경에 대한 책임은 서로 떠넘기며 외면하고 있다. 우리가 살고 있는 세상에 대한 책임을 지지 못하는 기성세대들에게 던지는 엄중한 경고를 담은 메시지가 '바다의 곡비소리'를 통해 묵직한 울림으로 전해온다.

출렁이는 바다
풍요로운 바다에 황색불이 켜졌다
주인 잃어가는 바다
모자반 불가사리 해파리 열대어들이 무리지어
해안으로 몰려오고 죽어간다

환경에 대한 저항일까
인류에 대한 시위일까

울부짖는 파도에 쌓여만 가는 오염 수치
바다가 죽어가고 있다

물고기 내장에서 나오는
플라스틱 비닐 스티로폼 조각
소리 없는 바다의 곡비소리 들려온다

점점 더 뜨거워지고 시들어 가는 바다
병들어가는 해조류 연체동물
죽어가는 산호초 물고기들의 절규소리

이제 순번제 휴식기가 필요한 바다

휴가가 필요한 바다
바다가 살아야 육지가 산다
육지가 살아야 후손이 산다

- 「바다의 곡비소리」 전문

하늘에서 시작한 소리는 대지를 지나고 산을 지나고 강을 지나 바다에 다다른다. 소리의 자궁에 도달한 소리는 어머니로 회귀한다. 태초의 생명의 소리가 시작된 곳, 어머니의 뱃속이다. 가장 원초적이고 가장 순결한 소리가 탄생한 곳, 그곳으로 돌아가 세상의 모든 소리에 귀 기울여야 한다, 아니 태초의 소리로 돌아가 우리가 각자 내면의 소리를 찾아내야 할 것이다. 누구에게나 그곳으로 가는 숨겨진 통로가 있다. 비밀의 궁전 속에서 들려오는 쉿소리, 물소리, 말발굽 소리, 북소리, 기차 소리와 초음파 소리와 심장박동 소리를 듣는다. 우리가 다시 찾아가야 할 소리의 자궁이다.

숨겨진 비밀 통로로 들어와
모습을 감추고 있는 점 하나
배아를 준비하는 비밀스러운 샛별

비밀의 궁전 속에서 들려오는 소리
쉿 소리 물소리 말발굽 소리 북소리 기차 소리
신기루 소리에 **빠져** 든다

좁은 방 안에서
툭툭 발길질하는 건방진 인사법
살아 있다는 은밀한 신호
부르르 떨며 쉬하는 짓에 사랑을 머금고 있다
보이지 않는 세상이 보인다
생의 신비스러운 비밀이 느껴진다

초음파 소리 심장박동 소리
생애 처음 듣는 신기한 제 삼의 물결
세상에서 가장 가까운 샛별의 신호
너는 나의 눈이자 귀
엄마의 등대란다
빨리 만나고 싶다 샛별아

-「샛별의 눈」 전문

　샛별의 눈 속에서 잠들어 있던 소리들은 다시 엄마의 숨비소리로 깨어난다. 바다의 곡비소리를 건너온 엄마가 자다가 일어나 휘파람 소리를 낸다. 소리가 시작되고 소리가 마지막으로 머무는 곳, 엄마의 바다가 화자인 나를 재우고 있다. 나는 잠속에서도 소리를 듣는다. 소리는 완성되는 법이 없다. 끊임없이 진화하고 끊임없이 새로운 소리를 만들어낸다. 아기였던 내가 성장하고 살아가고 늙고 병들고 죽을 때에도 소리는 한순간도 쉬지 않고 따라온다. 소리는 우리가 살아가야 할 운명이자 생명이다.

아기였던 나를 재워 두고
바다에 나가 자맥질했던 엄마의 숨비소리
그 엄마가 자다 일어나 가끔 휘파람 소리를 낸다

오늘은 목욕시켜 드리는 날
엄마의 젖가슴은 바람 빠진 고무풍선
아랫도리는 말라 버린 고목나무
손으로 가슴으로 와닿는 멍울은
가까운 훗날 나의 그림자

명절날 손녀가 부르는 섬 집 아기 노래에
눈물을 떨구는 친정 어멍
손녀가 할머니 왜 울어 눈물을 닦아 준다

눈물이 메말라 있던 당신의 머리에
섬 집 아기 노래는
기억 살리는 치매 약이었다

아기처럼 잠든 당신 모습
회귀해 알을 낳고 눈을 감는 연어 어미의 마지막 모습
엄마의 눈 속에 연어 어미가 숨어 있다

-「섬집 엄마」전문

소리는 침묵 속에서도 들린다. 침묵 속에서 들리는 소리는 온전히 내면의 소리다. 내 마음의 소리를 들을 수 있는 침묵은 울림으로 다가온다. 그것은 비록 말을 하지 않아도 귀로 듣고, 맛으로 듣고, 눈으로 들을 수 있다. 그것은 바로 울림이다. 폐와 목구멍과 혀와 입술을 움직여 눈에 보이지 않는 미세한 공기를 움직여서 말을 하는 인간의 소리는 인간 뿐만 아니라 자연과 동물의 소리까지 알아채는 것이다. 울림의 철학을 용어로 활용한 사람은 레비나스였다. 그가 다양한 의미로 활용하는 울림은 내 소리가 타인에게 반영되어 그의 말소리를 청하는 환영의 소리라고 할 수 있다.

 따라서 임승훈 시인은 시집 「아름다운 배웅」에서 자신의 내면의 소리에 끊임없이 천착하며 세상의 소리에 귀 기울이려고 한다. 자신이 살아가고 있는 대상들의 소리를 찾아내어 소통하려고 하고, 최초의 소리를 발견하려고 하고, 숨겨진 소리를 끌어내어 움직이는 소리들과 연대하려고 한다. 그리고 결국 마음의 소리에 귀 기울여 그 소리에 닿는 사람들을 어루만지려고 한다. 그 소리의 심장이 아름다운 배웅이 되어 뛰고 있다.